© 2022 KIDDINX Studios GmbH, Berlin
Redaktion: Jutta Dahn
Lizenz durch KIDDINX Media GmbH
Lahnstraße 21, 12055 Berlin

bibiundtina.de

Du findest „Bibi&Tina" auch hier:

Bibi & Tina – Geheimnisvolle Weihnachten
© 2022 Panini Verlags GmbH,
Schloßstraße 76, 70176 Stuttgart
Alle Rechte vorbehalten.
Verlagsleitung: Gabriele El Hag
Chefredaktion: Nicole Hoffart
Redaktion: Verena Gschwind (verantw.)
Redaktionelle Mitarbeit: Lisa Breitsameter
Text: Claudia Weber
„Geheimnisvolle Weihnachtszeit" basiert auf
dem Filmdrehbuch von Klaus-P. Weigand.

Lektorat: Helga Kronthaler
Grafik: tab indivisuell, Stuttgart
Druck: CPM Centro Poligrafico Milano S.p.A.,
Mailand, Italien
ISBN 978-3-8332-4284-7

www.paninishop.de

Die Deutsche Nationalbibliothek verzeichnet diese
Publikation in der Deutschen Nationalbibliografie;
detaillierte bibliografische Daten sind im Internet
über http://dnb.d-nb.de abrufbar.

Inhalt

Weihnachten auf dem Martinshof   6

Geheimnisvolle Weihnachtszeit   8

Bibis und Tinas Weihnachtsbäckerei   32

Weihnachten auf dem Martinshof

Auf dem Martinshof ist einfach jede Jahreszeit toll. Aber der Winter ist etwas ganz Besonderes, vor allem die Weihnachtszeit. Es ist herrlich, wenn draußen die Schneeflocken durch die Luft tanzen und die Landschaft zudecken, als hätte jemand ein großes weißes Tuch darübergelegt, während drinnen das Kaminfeuer knistert und der Duft von frisch gebackenen Plätzchen durchs Haus zieht. Für Bibi Blocksberg gibt es nichts Schöneres, als die Weihnachtsferien auf dem Martinshof zu verbringen: mit ihrer besten Freundin Tina und natürlich mit den Pferden.

In den vier Wochen vor dem großen Fest ist sooo viel zu tun: Geschenkanhänger, Lebkuchengirlanden oder Weihnachtskränze basteln und natürlich Plätzchen backen und verzieren! Davon sollte man aber nicht zu viele naschen!

Auch die Pferde werden weihnachtlich geschmückt. Amadeus und Sabrina bekommen rote Schabracken mit weißen Sternchen. Manchmal ziehen die beiden Freundinnen den Pferden auch Zipfelmützen auf, oder sie heften ihnen Rentiergeweihe ans Zaumzeug – witzig, oder?

Natürlich kümmern sich die Mädchen auch um die Tiere, die im Schnee nur schwer etwas zu fressen finden. Zur Futterkrippe im Falkensteiner Forst bringen sie zum Beispiel Äpfel, Möhren und Nüsse. Schließlich sollen Vögel und Eichhörnchen, Hasen und Füchse, Rehe und Wildschweine auch merken, dass Weihnachten ist!

Wenn die Tiere auf dem Martinshof versorgt sind, ziehen sich Bibi und Tina warm an, gehen raus und bauen einen Schneemann. Damit Sabrina ihm nicht die Nase abknabbert, hat Bibi immer zwei bis drei Möhren in der Tasche, um sie abzulenken.

Und wenn es dunkel wird, ist es ganz besonders schön auf dem Hof. Dann leuchten draußen die Lichterketten und drinnen die Kerzen am Weihnachtsbaum. Jetzt ist es auch Zeit, die Geschenke unter den Baum zu legen. Allerdings wird nicht verraten, was drin ist. Das bleibt vorerst noch ein Geheimnis – wie so vieles an Weihnachten. Aber lest selbst …

Geheimnisvolle Weihnachtszeit

Weihnachten ist eine Zeit der Traditionen. Auch bei Bibi Blocksberg. Die kleine Hexe aus Neustadt machte es sich am Weihnachtsabend mit ihren Eltern gemütlich wie immer. Erst gab's die Geschenke und dann Würstchen mit Kartoffelsalat.

Am nächsten Morgen packte Bibi dann ihren Rucksack und die blaue Reisetasche und setzte sich in den Zug nach Falkenstein. Sie konnte es gar nicht erwarten, zu Tina auf den Martinshof zu kommen. Dort verbrachte sie zwar ohnehin schon die allermeisten Ferien, aber an Weihnachten war es besonders schön.

Dieses Jahr hatte Bibi auch ein supertolles Geschenk für ihre beste Freundin: weiße Schlittschuhe mit einem goldgelben Stern, verpackt in lila Glitzerpapier. Was Tina wohl dazu sagen würde? Bibi war so gespannt, dass sie Tina das Geschenk am liebsten gleich am Bahnhof überreicht hätte. Doch als Bibi in Falkenstein eintraf, war weit und breit niemand zu sehen.

„Hm … holt mich denn keiner ab?!", wunderte sich Bibi – da traf sie auch schon der erste Schneeball. *Pflatsch!* Und gleich darauf der zweite. *Wusch!*

„Überraschung!", riefen Tina und Alex, die aus ihren Verstecken kamen und bereits die nächsten Schneebälle formten.

„Na wartet!", meinte Bibi grinsend. Sie stellte Rucksack und Reisetasche auf eine Bank, damit sie die Hände frei hatte – und im nächsten Moment war eine wilde Schneeballschlacht im Gange. Die weißen Kugeln flogen hin und her. Mal trafen sie Alex, mal Bibi, mal Tina. Andere gingen daneben und landeten am Baum, an der Laterne oder einfach im Schnee. Als Bibi sich duckte, um einem Schneeball auszuweichen, landete er – *wusch!* – auf ihrem Gepäck. Im Eifer des Gefechts merkte niemand, dass die blaue Reisetasche von der Bank fiel ...

Irgendwann hatten sie genug von der Schneeballschlacht.
„Frohe Weihnachten, Tina!", schnaufte Bibi und schloss ihre Freundin lachend in die Arme.
„Dir auch, Bibi", keuchte Tina. „Schön, dass du da bist! Holger und Mutti warten schon auf dem Martinshof."
Als Bibi Alexander begrüßen wollte, stellte sie verwundert fest, dass er verschwunden war.
Doch noch bevor sie Tina fragen konnte, wo Alexander denn plötzlich steckte, kam er auf einer Pferdekutsche um die Ecke – mit Sabrina und Amadeus.
„Schöne Weihnachten, Bibi!", rief Alex, während er die Zügel anzog. „Hooooh!"
„Die wünsche ich dir auch!", erwiderte Bibi. „Wir machen eine Kutschfahrt?", fragte sie mit leuchtenden Augen. 
„Ja", antwortete Tina. „Durch den hohen Schnee."
„Das ist ja wunderbar", freute sich Bibi. Bevor sie einstieg, begrüßte sie noch schnell die Pferde, die freudig schnaubten. „Hallo, Sabrina!", murmelte Bibi und strich erst der Schimmelstute, dann Tinas Fuchshengst sanft über die Nüstern. „Frohe Weihnachten, Amadeus!"

„Darf ich bitten?", forderte Alex die Freundinnen auf. Nachdem Bibi und Tina in der Kutsche Platz genommen hatten, schnalzte er mit der Zunge, und die Pferde trabten los. Als sie Falkenstein verließen und den Weg zum Martinshof einschlugen, fing es an zu schneien.

„Toll!", schwärmte Bibi und ließ den Blick über die schneebedeckte Landschaft streifen. „Weihnachtlicher geht's nicht!"

„Doch", meinte Tina. „Mit einem Weihnachtsschlitten."

„Stimmt", lachte Bibi. „Geschmückt mit kleinen Glöckchen."

„Genau", nickte Tina total begeistert. „Gezogen von zwei echten Rentieren in einer sternenklaren Nacht. Ach, das wär mein Traum!"

„Meiner auch", seufzte Bibi.

Aha! Das muss ich mir merken, dachte Alex, tat aber so, als ob er die beiden gar nicht gehört hatte.

Kurz darauf erreichten die drei Freunde
den Martinshof und versorgten erst mal
die Pferde.

„Schön, wieder hier zu sein", sagte Bibi,
als sie den Stall verließen. Dann fiel ihr plötzlich auf, dass ihre blaue Reisetasche nicht
da war. „Auweia!", rief sie erschrocken. „Wo ist denn meine Tasche?"

„Du hattest nur deinen Rucksack dabei", meinte Alex.

„Nein!", stellte Bibi klar. „Am Bahnhof hatte ich die Tasche noch. Ich muss sie dort liegen gelassen haben. Ausgerechnet … Da ist dein Geschenk drin, Tina."

„Hm, was machen wir denn jetzt?", überlegte Tina.

„Ist doch klar", erklärte Bibi, streifte entschlossen ihren Rucksack ab und drückte ihn Tina in die Hand. „Ich reite noch mal zurück. Bestimmt ist die Tasche noch dort."

Nachdem Bibi den Bahnhof erreicht hatte, schaute sie zuerst unter die Bank, auf der sie ihr Gepäck abgestellt hatte. Doch ihre blaue Tasche war nicht da. „Hm!", machte Bibi, setzte sich kurz auf die Bank und überlegte. „Vielleicht hat sie ja jemand gefunden und zum Schalter gebracht?"

Also ging Bibi in die Schalterhalle, um nachzufragen.
„Frohe Weihnachten!", grüßte sie den Schalterbeamten. „Ist bei Ihnen vielleicht eine blaue Reisetasche mit einem Geschenk drin abgegeben worden?"
„Frohe Weihnachten!", erwiderte der Mann. „Nein, leider nicht! Aber ich habe den Schalter gerade erst geöffnet. Am besten lässt du deine Adresse hier – falls die Tasche später doch noch auftaucht."
„Das ist nett! Danke", sagte Bibi und schrieb ihren Namen mit der Adresse des Martinshofs auf den Zettel, den der Schalterbeamte ihr gereicht hatte.
„Vielleicht meldet sich der Finder, es ist schließlich Weihnachten!", meinte der Beamte.
„Ja! Hoffentlich!", seufzte Bibi und machte sich wieder auf den Rückweg.

Zurück auf dem Martinshof erwartete Tina die Freundin schon gespannt. „Und?", wollte sie wissen. „Hast du die Tasche gefunden?"

„Nein", antwortete Bibi kleinlaut. „Es tut mir so leid."

„Wegen des Geschenks? … Vergiss es! Hauptsache, du bist da! Komm mit!", meinte Tina und zog Bibi in die Küche.

„Was für ein schöner Baum!", staunte Bibi.

„Der schönste Baum, den wir je hatten", ergänzte Tina augenzwinkernd. „Das sagt Holger jedes Jahr, wenn er den Baum aufstellt." Dann holte sie das Geschenk, das unter dem Baum lag, und überreichte es Bibi. „Hier, für dich!"

„Und ich stehe mit leeren Händen da", jammerte Bibi. „Das ist jetzt aber echt doof."

„Ach Quatsch! Das macht doch nichts", wiegelte Tina ab. „Los, pack schon aus!"

„Ich bin echt gespannt, was das ist", antwortete Bibi und öffnete das hübsch verpackte Geschenk. „Oh, Stulpen fürs Schlittschuhlaufen! Wie schön! Du bist die Beste, Tina. Danke!"

„Selbst gestrickt", meinte Tina stolz.

„Boah! Was für eine Arbeit du dir gemacht hast!", sagte Bibi und streifte die Stulpen sofort über. „Die passen wie angegossen."

„Frohe Weihnachten!", riefen Tinas Mutter und Holger, als die beiden gleich darauf mit Alex in die Küche kamen.

„Frohe Weihnachten!", erwiderte Bibi strahlend.

„Schön, dass du da bist!", bestätigte Frau Martin und schloss Bibi in die Arme. „So, setzt euch! Jetzt gibt's heiße Schokolade und Butterplätzchen."

Das ließ Bibi sich nicht zweimal sagen. „Mmmmhhh, schmecken die gut!", lobte sie.

„Erzähl doch mal, Alex!", meinte Tina. „Was habt ihr fürs Wohltätigkeitseislaufen auf Schloss Falkenstein geplant?"

„Das ist streng geheim", erklärte Alex. „Ebenso, wer Eiskönigin oder Eiskönig wird! Das entscheidet nämlich das Publikum."

„Bibi und Tina wollen auch mitmachen", kündigte Frau Martin an und gab Alex einen Umschlag. „Hier ist jedenfalls das Startgeld."

„Danke, Frau Martin", antwortete Alex und stand auf. „Ich gebe es gleich meinem Vater. Er spendet alle Einnahmen an das Tierheim in Rotenbrunn. Jetzt muss ich aber los. Wir müssen noch einiges vorbereiten."

„Was denn zum Beispiel?", wollte Tina wissen.

„Netter Versuch", gab Alex mit einem Grinsen zurück. „Ich sage nur: geheimnisvolle Weihnachtszeit! Bis morgen!"

Nachdem sie sich mit Plätzchen und heißer Schokolade gestärkt hatten, beschlossen Bibi und Tina, zur Alten Mühle zu reiten. Dort wollten sie Schlittschuh laufen, denn der Mühlenteich war zugefroren. Die dicke Eisschicht hatte auch ein paar Leute angelockt, die sich zum Eisstockschießen trafen. In der Hauptsache waren es aber Schlittschuhläufer, die auf dem Eis ihre Kreise zogen und Figuren liefen, zum Teil sogar Sprünge wagten.

„Wollen wir den Ablauf unserer Kür üben?", fragte Bibi.

„Ja, klar! Ich zeig's dir", antwortete Tina, zog ihre alten Schlittschuhe an und ging aufs Eis. „Erst fahren wir geradeaus", erklärte sie und streckte die Arme zu den Seiten hinaus. „Dann gehen wir in die Knie und drehen ein, dann drehen wir aus und …" In diesem Moment riss der Schnürsenkel an Tinas rechtem Schlittschuh, und sie verlor den Halt. „Huch!", rief Tina erschrocken und landete – *wupps!* – mit dem Hintern auf dem Eis. „Aua!"

Bibi eilte ihrer Freundin sofort zu Hilfe. „Hast du dir wehgetan?", fragte sie besorgt.
„Nein, gar nicht! Aber ein Schnürsenkel ist gerissen", stöhnte Tina. „Oh Mann, diese ollen Dinger!"
„Das repariere ich schnell. Und außerdem muss ich dir was sagen. Komm mit, Tina!", forderte Bibi die Freundin auf und setzte sich mit ihr auf einen alten Baumstamm, der am Rand des Mühlenteichs lag. Dann hob Bibi die Arme, blickte auf Tinas rechten Schlittschuh und hexte: „Eene meene frisches Heu, Senkel ist so gut wie neu! Hex-hex!"

Es machte *Plingpling*, und Hexsternchen flogen durch die Luft. Im nächsten Moment war nicht nur der Schnürsenkel repariert, sondern der Schlittschuh war auch wieder fest gebunden.
„Super!", freute sich Tina. „Danke, Bibi!"

Tina seufzte. „Wer hätte gedacht, dass meine ollen Schlittschuhe noch einen Winter durchhalten?!", meinte sie. Dann fiel ihr ein, dass Bibi ihr ja noch etwas sagen wollte. „Was gibt's denn, Bibi?", fragte sie und blickte ihre Freundin erwartungsvoll an. „Komm, mach's nicht so spannend!"
„Na ja, das wäre dein Weihnachtsgeschenk gewesen", murmelte Bibi geknickt. „Ein Paar neue Schlittschuhe. Die mit dem Stern drauf. Die findest du doch so gut."
„Das ist so lieb von dir. Danke!", rief Tina und umarmte Bibi.
„Aber du hast sie ja nicht bekommen", meinte Bibi. 
„Egal, du kannst schließlich nichts dafür", gab Tina zurück. Plötzlich kam ihr etwas in den Sinn. „Hm! Vielleicht hat ja jemand die Schlittschuhe gefunden und fährt jetzt damit …"
„Was meinst du, wo ich die ganze Zeit hingucke?", unterbrach Bibi die Freundin und deutete mit dem Kopf auf die Schlittschuhläufer auf dem Mühlenteich. „Ich kann mich gar nicht richtig auf unsere Kür konzentrieren."

„Weißt du was? ... Ich hab eine Idee", sagte Tina und zwinkerte Bibi zu. „Zuerst gibt's mal einen heißen Tee, und dann ist Schlittschuhkontrolle angesagt."

So machten sie es. Tina holte die Thermosflasche und zwei Becher aus ihrem Rucksack – und während die beiden Detektivinnen so taten, als würden sie genüsslich Tee schlürfen und sich ein wenig aufwärmen, nahmen sie die anderen Schlittschuhläufer unter die Lupe. Es gab alle möglichen Schlittschuhe zu sehen: große und kleine, Damen-, Herren- und Kindermodelle, gelbe, grüne, rosarote und braune. Und jede Menge weiße – aber keine mit einem goldgelben Stern darauf ... Oder doch?

Bibi verschluckte sich fast, als sie die gesuchten Schlittschuhe entdeckte ...

Wie der Blitz sprang Bibi vom Baumstamm auf und zeigte auf ein kleines Mädchen. „Da sind deine Schlittschuhe, Tina. Ganz bestimmt!", rief sie aufgebracht. „Die Schlittschuhe sind der Kleinen ja viel zu groß, siehst du? Sie hat mehrere Paar Socken angezogen, damit sie passen."

„Stimmt", meinte Tina. „Das könnte wirklich meine Schuhgröße sein."

„Ich frag sie jetzt, wo sie die Schlittschuhe herhat", beschloss Bibi.

„Gut", murmelte Tina. „Ich komme mit."

Doch in diesem Moment tauchte ein Junge mit einem Schlitten am Teichufer auf. Er musste etwa in Tinas Alter sein. „Anna", rief er und winkte dem Mädchen zu. „Komm jetzt nach Hause!"

„Aber Jan! Ich will noch mit meinem Geschenk üben", maulte die Kleine.

„Nein, mach jetzt Schluss!", sagte der Junge streng. „Ich hab dir auch schon erklärt, warum."

„Hast du gehört, Bibi? Die Schlittschuhe gehören doch der Kleinen", stellte Tina enttäuscht fest.
„Das behauptet sie zwar, aber irgendwas stimmt da nicht", murmelte Bibi. „Glaub ich jedenfalls."
„Und was machen wir jetzt?", wollte Tina wissen.
„Lass uns einfach noch ein bisschen Detektiv spielen!", schlug Bibi vor.

Rasch packten die beiden Freundinnen ihre Sachen zusammen, holten Amadeus und Sabrina und folgten Jan und Anna mit dem nötigen Abstand. Schließlich wollten Bibi und Tina nicht entdeckt werden! Sie beobachteten, wie Jan den Schlitten mit Anna und den Schlittschuhen zu einem kleinen Häuschen am Waldrand zog. Nachdem sie ihre Pferde hinter zwei schneebedeckten Tannen angebunden hatten, schlichen Bibi und Tina sich zum Haus und spähten vorsichtig durch ein Fenster.
„Da!", flüsterte Bibi aufgeregt und zeigte auf ein lilafarbenes Stück Papier, das auf dem Küchentisch lag. „Mein Geschenkpapier! Das ist der Beweis, Tina. Es sind wirklich *deine* Schlittschuhe."

Kurz darauf hörten Bibi und Tina Stimmen. Sie schienen aus dem Garten hinter dem Haus zu kommen.

„Bist du noch sauer?", fragte Anna.

„Ein bisschen schon", antwortete Jan. „Schließlich hab ich die Schlittschuhe am Bahnhof gefunden. Und wäre der Schalter nicht zu gewesen, hätte ich sie auch abgegeben. Nur weil das Päckchen im Flur steht, kannst du es doch nicht einfach auspacken und Schlittschuhlaufen gehen – ohne zu fragen."

„Der Weihnachtsmann hat das Päckchen für mich am Bahnhof abgestellt, damit du es mir mitbringst", verteidigte sich Anna.

„Unsinn!", brummte Jan. „Die Schlittschuhe sind dir doch viel zu groß."

„Der Weihnachtsmann will eben, dass sie mir nächstes Jahr noch passen", beharrte Anna und verschränkte trotzig die Arme. „Und er will auch, dass ich Eiskönigin werde."

„Wir können das Startgeld für das Eislaufen im Schloss doch sowieso nicht bezahlen", sagte Jan mit trauriger Stimme.

Bibi und Tina blickten einander mitfühlend an. Die Kleine tat ihnen leid.

„Anna sollte die Schlittschuhe wirklich behalten", sagte Tina, während sie gemeinsam mit Bibi zurück zum Martinshof ritt. „Die sind vom Weihnachtsmann, und basta!"

„Wenn du meinst", erwiderte Bibi. „Aber dann sollte Anna auch beim Eislaufen im Schloss mitmachen dürfen. Ich hab eine Idee!"

Zu Hause angekommen rief Bibi sofort Alex' Vater, Graf Falko von Falkenstein, an. „Frohe Weihnachten!", wünschte sie. „Bitte entschuldigen Sie die Störung, aber Tina und ich brauchen ganz dringend Ihre Hilfe." Dann erzählte sie dem Grafen von Anna und fragte, ob er der Kleinen nicht eine Freikarte für den Eislaufwettbewerb spendieren könnte.

„Eine Freikarte?", wiederholte der Graf.

„Ja", antwortete Bibi. „Es ist doch Weihnachten."

„Nun, ich denke, da lässt sich was machen", meinte der Graf, und seiner Stimme war anzuhören, wie sehr ihn das Schicksal der kleinen Anna berührte.

„Danke!", rief Bibi überglücklich. Nachdem sie den Hörer aufgelegt hatte, sagte sie zu Tina: „Es hat geklappt. Der Graf hat doch ein gutes Herz."

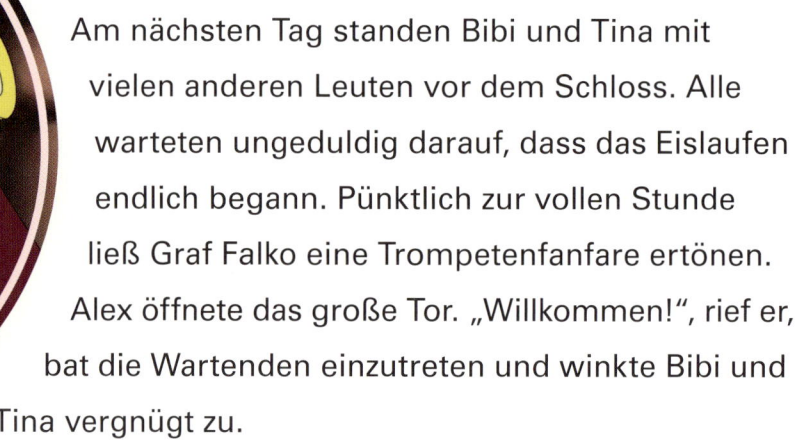

Am nächsten Tag standen Bibi und Tina mit vielen anderen Leuten vor dem Schloss. Alle warteten ungeduldig darauf, dass das Eislaufen endlich begann. Pünktlich zur vollen Stunde ließ Graf Falko eine Trompetenfanfare ertönen. Alex öffnete das große Tor. „Willkommen!", rief er, bat die Wartenden einzutreten und winkte Bibi und Tina vergnügt zu.

Die beiden Freundinnen staunten, wie wunderschön weihnachtlich das ganze Schloss geschmückt war – mit Tausenden von kleinen Lichtern, die in der Dämmerung funkelten. Es gab sogar einen riesigen Weihnachtsbaum!

„Da hat der Herr Graf sich dieses Jahr wieder richtig Mühe gegeben", hörte Bibi eine Frau neben sich staunend sagen.

Dann entdeckte sie Graf Falko. Er stand auf dem Balkon über dem Eingangsportal des Schlosses und begrüßte die Besucher. „Herzlich willkommen zum diesjährigen weihnachtlichen Eislaufen im Schlosshof!", verkündete er. „Wie immer entscheiden Sie, werte Anwesende, durch Applaus, welche Nummer die beste ist. Viel Freude dabei!"

Die Leute klatschten und strömten zur Eisfläche. Wenig später begann der Wettbewerb.

Die Musik setzte ein, und ein Mädchen trat aufs Eis. Es drehte erst ein paar schöne Schleifen, dann aber landete die Kleine auf dem Allerwertesten. So erging es auch den nächsten Schlittschuhläufern. Schließlich waren Bibi und Tina dran.

„Viel Glück!", raunte Alex den beiden zu.

Bibi und Tina fassten sich an den Händen und betraten die Eisbahn. Elegant zogen sie ein paar Kreise, drehten sich dabei sogar um die eigene Achse. Alles lief wunderbar. Ihre Bewegungen waren perfekt aufeinander abgestimmt. Dann zwinkerten sie sich heimlich zu, gingen in die Knie und streckten die Arme schwungvoll nach oben – wie zwei Vögel, die losfliegen wollten.

„Jetzt kommt der Sprung", murmelte Alex und drückte den Freundinnen fest die Daumen.

Bibi und Tina nahmen Anlauf, sprangen hoch in die Luft …

… und landeten – *padong!* – mit dem Hinterteil auf der Eisfläche. *Autsch!*
Alex und Holger rissen erschrocken die Augen auf, und Frau Martin schlug sich besorgt die Hand vor den Mund.
„Na so was!", meinte Graf Falko. „Heute fallen ja alle Teilnehmer aufs Eis."
Bibi und Tina rieben sich den Hintern und machten die Eisfläche frei.
Alex erwartete sie bereits. „Alles in Ordnung?", murmelte er und blickte sie bekümmert an.
Die Mädchen nickten nur und machten sich daran, ihre Schlittschuhe auszuziehen.
„Was ist denn heute nur los?", wunderte sich Alex. 
„Ja, das ist wirklich seltsam", antwortete Tina und lächelte ihn vielsagend an.
Alex' Blick wanderte von Tina zu Bibi. Doch die schmunzelte ebenfalls. „Geheimnisvolle Weihnachtszeit!", sagte sie.
Alex verstand nicht, was das zu bedeuten hatte. Kopfschüttelnd folgte er Bibi und Tina zu Frau Martin und Holger, um sich die nächsten Teilnehmer anzusehen.

„Nun kommt der letzte Auftritt", verkündete Graf Falko, und die Zuschauer beobachteten gespannt, wie die kleine Anna über die Eisfläche glitt. Sie lief ein paar schöne Schleifen, zeigte tadellose Figuren und einen perfekten Sprung. Und das alles ohne einen einzigen Patzer!

„Bravo!", riefen die Zuschauer und klatschten begeistert Beifall. „Super!"

„Hervorragende Leistung", bemerkte auch Graf Falko. „Ohne Ausrutscher! Nun, ich denke, mit diesem Applaus steht unsere diesjährige Eiskönigin fest. Liebe Anna, ich darf bitten!"

„Klasse!", jubelte Jan und nickte seiner kleinen Schwester anerkennend zu, während sie die Stufen zum Schlossportal hinaufschritt.

Graf Falko erwartete sie dort bereits, legte ihr den gelben Umhang über die Schulter und setzte ihr die Krone auf. Dann sagte er feierlich: „Hiermit kröne ich dich zur diesjährigen Falkensteiner Weihnachtseiskönigin."

Während die Zuschauer applaudierten, hoben Bibi und Tina die Hand und klatschten ab.

Nach der Siegerehrung kehrten Bibi und Tina mit Holger und Frau Martin zurück auf den Martinshof und machten es sich dort in der Küche gemütlich.

Plötzlich klingelte es an der Tür. Es war Jan. „Guten Abend! Und frohe Weihnachten! Ich will nicht lange stören", begann er. „Ich bin Jan, und ich suche Bibi Blocksberg."

„Das ist Bibi", erklärte Tina und zeigte auf ihre Freundin.

„Dann müssten die hier dir gehören", sagte Jan und zeigte Bibi die weißen Schlittschuhe mit den goldgelben Sternen. „Ich hab deine Adresse von dem Mann am Bahnhof und will dir deine Reisetasche zurückgeben. Ich habe sie am Bahnhof unter einer Bank gefunden. Aber der Schalter war geschlossen, darum hab ich sie erst mal mit nach Hause genommen. Dort hat meine Schwester Anna sie entdeckt – und das Geschenk, das in der Tasche war ... Na ja, sie hat geglaubt, der Weihnachtsmann hätte es ihr gebracht."

„Da hat sie bestimmt recht", antwortete Bibi gespielt ernst.

Jan war verwirrt.

„Ja, die Schlittschuhe gehören Anna", bestätigte Tina augenzwinkernd.

„Ach so!", meinte Jan schließlich und lächelte die beiden Freundinnen glücklich an. „Vielen Dank!"

„Geheimnisvolle Weihnachtszeit!", sagte Bibi mit einem Schmunzeln.

Jan wollte sich gerade verabschieden, als Alex plötzlich im Türrahmen stand. „Tina! Bibi! Könnt ihr euch mal was Warmes anziehen?!", bat er und tat sehr geheimnisvoll. „Draußen wartet jemand auf euch."
„Auf uns?", riefen die beiden Mädchen wie aus einem Mund. Sie hatten nicht die geringste Ahnung, wer jetzt, am Abend des zweiten Weihnachtsfeiertags, bei völliger Dunkelheit auf sie warten sollte.
„Jaja", bestätigte Alex und zeigte mit der Hand nach draußen.
„Wer kann das sein?", fragte Bibi neugierig. Doch Alex zuckte nur die Achseln.
„Da bleibt uns wohl nichts anderes übrig, als nachzusehen", meinte Tina.
So zogen die Freundinnen ihre warmen Sachen an und folgten Alex in die klirrend kalte Weihnachtsnacht.

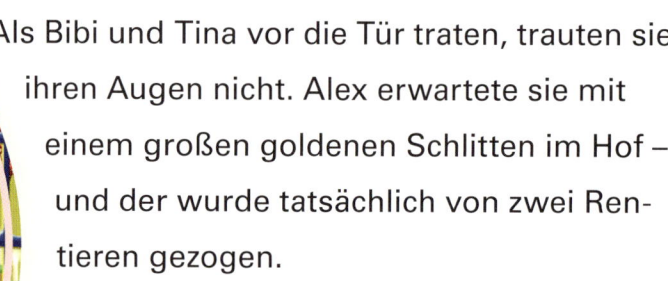

Als Bibi und Tina vor die Tür traten, trauten sie ihren Augen nicht. Alex erwartete sie mit einem großen goldenen Schlitten im Hof – und der wurde tatsächlich von zwei Rentieren gezogen.

„Oh!", hauchte Bibi überrascht und ging auf die Rentiere zu. „Seht ihr aber hübsch aus!"

„Allerdings!", murmelte Tina und strich den Rentieren vorsichtig über den Kopf.

„Und jetzt", sagte Alex und wies einladend auf den Weihnachtsschlitten, „bitte einsteigen, die Damen!"

„Aber Alex!", staunte Tina, der es einen Moment die Sprache verschlagen hatte. „Woher wusstest du das?"

„Das war unser größter Weihnachtswunsch", bestätigte Bibi.

„Tja!", meinte Alex und zwinkerte den Mädchen schelmisch zu. „Geheimnisvolle Weihnachtszeit!"

„Meine Güte, Alexander!", sagte Frau Martin. „Das nenne ich mal eine gelungene Weihnachtsüberraschung." Sie winkte Bibi und Tina fröhlich zu und rief: „Viel Spaß!"
„Ja, viel Spaß!", schloss Jan sich an.
Das brachte Frau Martin auf eine Idee. „Und du nimmst jetzt noch ein paar Butterplätzchen mit", schlug sie Jan vor.
„Danke!", erwiderte Jan. „Das ist sehr nett von Ihnen."
„Schließlich ist Weihnachten", lachte Frau Martin. Und während sie mit Jan und Holger zurück ins Haus ging, fuhr Alex mit Bibi und Tina in die sternenklare Nacht hinaus.
„Heya, Rudi! Tempo, Rolfi!", rief er, und die zwei Rentiere zogen den Schlitten mit klingenden Glöckchen durch die zauberhafte Winterlandschaft.
„Wie majestätisch!", schwärmte Bibi, die sich mit Tina unter eine dicke, warme Wolldecke kuschelte.
Was für eine geheimnisvolle Weihnachtszeit auf dem Martinshof!

Ende

Bibis und Tinas Weihnachtsbäckerei

Wenn Bibi und Tina nach einem erlebnisreichen Tag im Schnee nach Hause kommen, gibt es für die beiden Freundinnen nichts Schöneres, als es sich in der warmen Küche vom Martinshof gemütlich zu machen. Meistens hat Frau Martin schon etwas Leckeres für die Mädchen vorbereitet. Wie zum Beispiel ihre berühmten Butterplätzchen. Aber fast ebenso sehr wie zu naschen, lieben Bibi und Tina es auch, zusammen zu backen. Weihnachten und leckere Plätzchen, Lebkuchenmännchen und andere Knabbereien gehören genauso untrennbar zusammen wie Amadeus und Sabrina. Auf den nächsten Seiten findest du die leckersten Rezepte für die Adventszeit. Die gelingen dir garantiert ganz einfach … auch ohne Hexerei. Probier's doch gleich mal aus!

Frau Martins Butterplätzchen

Du brauchst:
- 250 g weiche Butter
- 125 g Puderzucker
- 300 g Mehl
- 1 Prise Salz

So geht's:

Die Butter mit dem Puderzucker schaumig rühren. Das Mehl nach und nach zugeben, Salz hinzufügen und alles zu einer **glatten Masse** verarbeiten.

Den Teig auf einer mit Mehl bestäubten Fläche in vier gleiche Teile schneiden. Jedes Teil **zu einer Rolle** formen, in Folie wickeln und im Kühlschrank mindestens eine Stunde kalt stellen. Den Backofen auf 160 Grad vorheizen.

Die Teigrollen auswickeln und den Teig in 5 mm dicke Scheiben schneiden. Mit etwas Abstand auf ein mit Backpapier ausgelegtes Backblech legen und 10 bis 12 Minuten backen. Auskühlen lassen.

Nikolaus-Sternchen

Du brauchst:

Für den Teig:
- 65 g Zucker
- 3 Eigelb
- 1 Prise Salz
- 140 g weiche Butter
- 275 g Mehl

Zum Verzieren:
- 175 g Puderzucker
- Zitronensaft
- Zuckerperlen (rot, weiß, braun)
- rote Schokolinsen
- Mini-Marshmallows

So geht's:

Zucker, Eigelb und Salz schaumig rühren. Die weiche Butter stückchenweise dazugeben. Das Mehl sieben, löffelweise untermischen und alles zu einem **glatten Mürbeteig** verkneten. Eine Kugel formen und in Frischhaltefolie gewickelt etwa 1 Stunde kalt stellen. Anschließend den Backofen auf 200 Grad vorheizen.

Den Teig auf einer bemehlten Fläche ausrollen und **Sterne ausstechen**. Die Sternchen dann auf ein mit Backpapier ausgelegtes Backblech setzen und 10 bis 15 Minuten backen. Herausnehmen und auskühlen lassen.

Puderzucker und Zitronensaft so vermischen, dass eine glatte, zähflüssige Masse entsteht. Die Zacken der Sterne damit bestreichen, in der Mitte eine runde Öffnung für das Gesicht aussparen. Rote **Schokolinsen als Nase** anbringen, braune Zuckerperlen mit ein wenig Zuckerguss als Augen ankleben. Rote Zuckerperlen als Mütze anordnen, Mini-Marshmallows als Zipfel. Weiße Zuckerperlen auf dem Bart verteilen. Alles gut trocknen lassen.

Schneemännchen

Du brauchst:
- 12 weiße Marshmallows
- 4 Holzspieße
- Zuckerschrift in Braun und Orange

So geht's:

Je drei Marshmallows für **Kopf, Bauch und Beine** auf einen Holzspieß stecken und darauf achten, dass sie gleichmäßig übereinander stehen.

Nun mit der orangen und braunen Zuckerschrift **ein Schneemanngesicht** auf das obere Marshmallow aufmalen. Auf das mittlere Marshmallow mit brauner Zuckerschrift die Hände aufmalen, so wie auf dem Foto.

Die Schneemann-Spieße schmecken aus der Hand lecker, sehen aber auch zur heißen Schokolade serviert toll aus und können darin noch **geschmolzen** werden.

Bibis Tipp:
In durchsichtiges Geschenkpapier verpackt sind die Schneemännchen ein super Mitbringsel oder eine süße Deko für ein Geschenk.

Freundinnen-Herzchen

Du brauchst:

Für den Teig:
- 250 g Mehl
- 1 Prise Salz
- 50 g Puderzucker
- 5 TL Kakaopulver
- 1 TL abgeriebene Bio-Zitronenschale
- 2 Eigelb
- 150 g Butter

Zum Verzieren:
- 1 TL Zitronensaft
- 150 g Puderzucker
- 1 TL Kirschsaft
- Zuckerperlen
- 200 g Vollmilch-Kuvertüre
- Holzspieße

So geht's:

Das Mehl in eine Schüssel sieben. Salz, Puderzucker, Kakao, Zitronenschale und Eigelb zugeben. Butter in Flöckchen untermischen und alles rasch zu **einem glatten Teig** verkneten. In Frischhaltefolie einwickeln und mindestens eine Stunde kalt stellen. Den Backofen auf 160 Grad vorheizen.

Den Teig 5 mm dick ausrollen. **Herzen ausstechen**, auf mit Backpapier ausgelegte Backbleche legen und 10 bis 12 Minuten backen. Auskühlen lassen.

Zitronensaft, Puderzucker und Kirschsaft zu einem Zuckerguss verrühren und die Hälfte der Herzen damit bestreichen. Nach Belieben mit **Zuckerperlen und Kuvertüre** verzieren. Du kannst auch den Namen deiner besten Freundin darauf schreiben. Auf die andere Hälfte der Herzen jeweils einen Klecks Kuvertüre verteilen, erst den Holzspieß und dann vorsichtig die dekorierten Herzen darauflegen. Liegend trocknen lassen.

Tannenbäumchen am Stiel

Du brauchst:

Für den Teig:
- 200 g dunkle Kuvertüre
- 3 Eier
- 150 g weiche Butter
- 100 g Zucker
- 150 g Mehl
- 100 g gemahlene Mandeln

Zum Verzieren:
- 50 g dunkle Kuvertüre
- Zuckerperlen nach Belieben
- Puderzucker nach Belieben
- 10–12 flache Holzstäbchen

So geht's:

Den Backofen auf 180 Grad vorheizen. Für den Teig die Kuvertüre in Stücke brechen und im Wasserbad langsam **unter Rühren schmelzen** lassen.

Die Eier mit der Butter und dem Zucker schaumig rühren. Die geschmolzene Kuvertüre unterrühren, Mehl und Mandeln hinzugeben und alles vermengen. Die Masse in eine mit Backpapier ausgelegte Springform füllen und auf der mittleren Schiene etwa 20 Minuten backen. Auskühlen lassen. Anschließend aus der Form lösen und **in 10 bis 12 Tortenstücke** schneiden. Vorsichtig in jedes Stück ein Holzstäbchen stecken.

Für die Verzierung die Kuvertüre im Wasserbad schmelzen, in einen Spritzbeutel oder Gefrierbeutel mit abgeschnittener Ecke füllen und **feine Streifen auf die Bäumchen** spritzen. Nach Belieben mit Zuckerperlen verzieren und mit Puderzucker bestreuen.

Frau Martins Lebkuchenrezept

Du brauchst:

Für den Teig:
- 100 g flüssigen Honig
- 50 g weiche Butter
- 50 g Zucker
- 1 Ei
- 200 g Mehl
- ½ TL Natron
- 1 TL Zimt
- 1 TL Lebkuchengewürz
- 1 EL Kakaopulver

Zum Verzieren:
- 125 g Puderzucker
- Saft von 1 Zitrone
- rote Lebensmittelfarbe

So geht's:

Honig, Butter und Zucker in einem Topf erhitzen, bis der Zucker vollständig gelöst ist. Die Masse abkühlen lassen. Das Ei unter die Honigmasse rühren und alles zusammen mit Mehl, Natron, Zimt, Lebkuchengewürz und Kakaopulver zu **einem glatten Teig** verkneten. Den Teig in Frischhaltefolie gewickelt einige Stunden kaltstellen. Dann den Backofen auf 180 Grad vorheizen.

Den Teig etwa 5 mm dick ausrollen und **Lebkuchen-Figuren** ausstechen oder mithilfe von Schablonen ausschneiden. Die Figuren auf ein Backblech legen und 10 bis 15 Minuten backen. Herausnehmen und auskühlen lassen.

Puderzucker und Zitronensaft vermischen, bis eine zähflüssige Masse entsteht. Einen Teil der Glasur **mit roter Lebensmittelfarbe** färben. In verschiedene Spritztüten einfüllen und die Lebkuchen-Figuren damit verzieren.

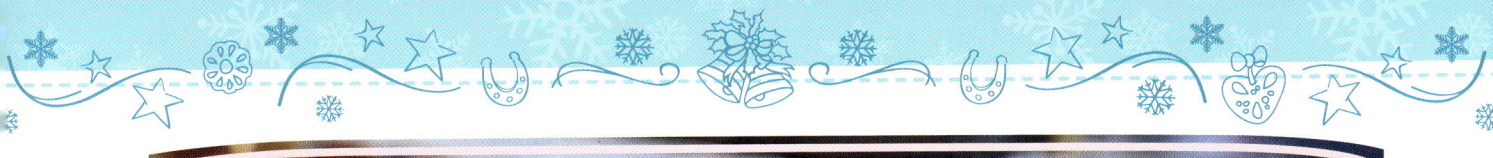

Tinas Weihnachtsknabberei

Du brauchst:
- 600 g Zartbitterkuvertüre
- bunte Zuckerperlen
- 40 dicke Salzstangen oder Grissini

Tinas Tipp:
Falls du keine Zuckerstreusel verwenden willst: Gemahlene Nüsse, Mandeln oder Kokosflocken eignen sich auch super!

So geht's:

Zartbitterkuvertüre in Stücke brechen, in eine Schüssel geben und im Wasserbad langsam **unter Rühren schmelzen** lassen. Dabei aufpassen, dass die Kuvertüre nicht zu heiß wird, sonst beginnt sie zu klumpen und lässt sich nicht mehr verwenden.

Die Zuckerstreusel in einen flachen Teller füllen. Dann die Salzstangen zur Hälfte in die geschmolzene Kuvertüre tunken und **in den Streuseln drehen**.

Danach liegend oder in Gläsern stehend trocknen lassen.

Falkensteiner Keks-Bäumchen

Du brauchst:

Für den Teig:
- 125 g Honig
- 100 g braunen Zucker
- 100 g weißen Zucker
- 1 Pck. Vanillezucker
- 150 g Butter
- 4 EL Milch
- 1 TL Zimt
- 400 g Mehl
- 1 TL Kakao
- 100 g Speisestärke
- 1 Pck. Backpulver

Zum Verzieren:
- 1 Eiweiß
- 150 g Puderzucker
- 1 Spritzer Zitronensaft

So geht's:

Honig, braunen und weißen Zucker, Vanillezucker, Butter und Milch in einem Topf vermischen und langsam zerlassen. Die warme Masse in eine Rührschüssel füllen und **erkalten lassen**. Zimt, Mehl, Kakao, Speisestärke und Backpulver mischen, sieben und etwa zwei Drittel löffelweise mit dem Honigteig vermengen. Dann die restliche Mehlmischung unterkneten.

Den Teig etwa 5 mm dick ausrollen und **unterschiedlich große Sterne** ausstechen, sodass zwei bis drei Weihnachtsbäumchen gebaut werden können. Auf ein Backblech legen und bei 175 Grad im vorgeheizten Backofen 10 bis 15 Minuten backen. Auf einem Gitter abkühlen lassen.

Eiweiß steif schlagen, Puderzucker zugeben und alles mit Zitronensaft zu einer glatten Masse verarbeiten. Auf die Sterne **Eischnee auftragen** und von groß nach klein aufeinanderstapeln, sodass ein Bäumchen entsteht. Mit Puderzucker bestäuben.

Leckere Rentiere

Du brauchst:

Für den Teig:
- 300 g Mehl
- ½ TL Backpulver
- 100 g Zucker
- 1 Prise Salz
- 1 Pck. Vanillezucker
- 1 TL fein abgeriebene Bio-Zitronenschale
- 1 Ei
- 200 g kalte Butter

Zum Verzieren:
- Dekor-Schrift „Schoko"
- rote Schokolinsen

So geht's:

Mehl mit Backpulver in einer Schüssel mischen. Zucker, Salz, Vanillezucker und Zitronenschale dazugeben. In der Mitte eine Mulde formen und das Ei hineinschlagen. Am Rand die Butter in Flöckchen verteilen. Mit den Knethaken eines Handrührgerätes zunächst auf niedriger, dann auf höchster Stufe **zu einem glatten Teig** verarbeiten.

Den Teig auf einer bemehlten Arbeitsfläche 5 mm dick ausrollen. Mit einem Glas oder runden Ausstecher **Kekse ausstechen**, auf ein mit Backpapier ausgelegtes Backblech geben und im vorgeheizten Backofen bei 180 Grad etwa 10 Minuten backen. Auf einem Kuchengitter auskühlen lassen.

Mit Dekor-Schrift Tupfen als Nase malen und rote Schokolinsen daraufsetzen. Mit der restlichen Dekor-Schrift **Augen und Geweih** aufmalen.

Süße Honig-Sabrina

Du brauchst:

Für den Teig:
- 150 g Honig
- 70 g braunen Zucker
- 1 Eigelb
- 1 Prise Salz
- 1 TL Zimt
- ½ TL Nelkenpulver
- 4 EL Wasser
- 350 g Mehl
- 1 Pck. Backpulver

Zum Verzieren:
- Zuckerguss, Fondant oder Zuckerschrift
- 200 g Vollmilchkuvertüre
- Holzspieße

So geht's:

Honig und Zucker in einem Topf erhitzen und so lange rühren, bis der Zucker sich aufgelöst hat. Eigelb, Salz, Gewürze und Wasser unter die abgekühlte Masse geben. Mehl und Backpulver sieben und ebenfalls zufügen. Alles zu einem glatten Teig verkneten. Zu einer Kugel formen und in Frischhaltefolie eingewickelt mehrere Stunden, **am besten über Nacht**, ruhen lassen.

Den Teig etwa 5 mm dick ausrollen und **Pferdchen ausstechen**. Auf ein Backblech legen und bei 180 Grad etwa 15 Minuten backen. Auskühlen lassen.

Die Hälfte der Pferdchen nach Belieben mit Zuckerguss, Fondant oder Zuckerschrift **verzieren**. Auf die andere Hälfte jeweils etwas Kuvertüre verteilen, erst den Holzspieß und dann vorsichtig die verzierten Pferdchen darauflegen. Liegend trocknen lassen.

Schneeplätzchen

Du brauchst:

Für den Teig:
- 300 g Mehl
- ½ TL Backpulver
- 100 g Puderzucker
- 1 Prise Salz
- 1 Ei
- 200 g kalte Butter

Zum Verzieren:
- 2 Eiweiß
- 1 Prise Salz
- 400 g Puderzucker
- 50 g Kokosraspeln

So geht's:

Mehl und Backpulver in eine Schüssel sieben, Puderzucker, Salz, Ei und Butter in kleinen Stückchen hinzufügen. Alle Teigzutaten rasch verkneten, **eine glatte Kugel formen** und in Frischhaltefolie eingewickelt etwa eine Stunde kalt stellen. Dann den Backofen auf 175 Grad vorheizen.

Den Teig auf einer bemehlten Fläche etwa 3 mm dick ausrollen und mit den Lieblingsförmchen **Plätzchen ausstechen**. Diese auf ein mit Backpapier ausgelegtes Backblech legen und 8 bis 10 Minuten backen. Gut abkühlen lassen.

Inzwischen Eiweiß, Salz und Puderzucker zu einem glatten Guss verrühren. Diesen mit einem Pinsel oder Teelöffel auf den Plätzchen verteilen, die **Kokosraspeln daraufstreuen** und den Guss fest werden lassen.

Die schönsten Aben

Für beste Freundinnen

Puzzle-Box im Metallkoffer mit vier Puzzles aus der Welt von „Bibi & Tina"

Spielen, dass die Karten fliegen!

Das rasante Kartenspiel LIGRETTO® jetzt auch für Fans der pferdebegeisterten Freundinnen Bibi und Tina.

Das Hörspiel

Hilfe für den Wald

In der Folge „Hilfe für den Wald" sind Bibi und Tina über die große, kahle Stelle im Falkensteiner Forst schockiert. Immer mehr kranke Bäume müssen gerodet werden. Um den Wald zu retten, kauft Graf Falko besondere Setzlinge. Bis zur großen Pflanzaktion am nächsten Tag sollen Bibi und Tina auf sie aufpassen. Doch am frühen Morgen sind die Setzlinge verschwunden.

© 2022 KIDDINX Studios GmbH, Berlin

ANZEIGE

teuer mit Bibi&Tina

Die Bücher

ISBN 978-3-8332-4148-2

ISBN 978-3-8332-4169-7

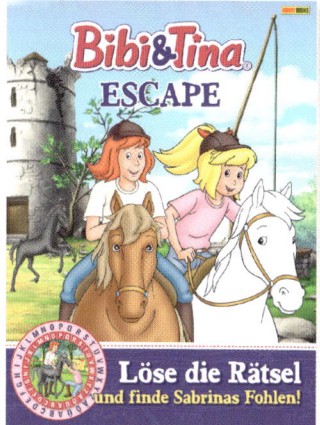
ISBN 978-3-8332-4164-2

ISBN 978-3-8332-4038-6

ISBN 978-3-8332-4029-4

ISBN 978-3-8332-4005-8

ISBN 978-3-8332-3914-4

ISBN 978-3-8332-3702-7

ISBN 978-3-8332-3804-8

PANINI BOOKS